AF290308

DESARROLLA TU MARCA PERSONAL

Todas las claves del personal branding

Por Benjamin Fléron
Traducido por Laura Soler Pinson

¿CÓMO DESARROLLAR TU MARCA PERSONAL?

- **¿Problemática?** ¿Cómo aumento mi valor en el mercado laboral cuidando mi reputación digital gracias al *personal branding* o a la «promoción de la marca personal»?
- **¿Utilidad?** Desmarcarse de la competencia, asentar tu notoriedad en tu sector de actividad y aumentar tus posibilidades de atraer a empleadores y a clientes potenciales.
- **¿Contexto profesional?** Relaciones laborales, recursos humanos, promoción de la marca personal, gestión de carrera.
- **¿Preguntas frecuentes?**
  - ¿Cuáles son las reglas de oro para desarrollar eficazmente mi marca personal?
  - ¿Qué ventajas puedo obtener de la marca personal si ya tengo un trabajo?
  - ¿Cómo me aseguro de que estoy creando una marca personal coherente?
  - ¿Cuáles son las herramientas indispensables para poner en marcha mi marca personal?

- ¿Cuáles son los errores que no puedo cometer bajo ningún concepto en las redes sociales?
- ¿Qué hago si, después de cometer un error, tengo una mala reputación?

Para cualquier empresa que quiere hacerse un hueco en un mundo laboral cada vez más competitivo, posicionarse en internet y en las redes sociales se presenta como una obligación en la actualidad. ¿Y qué ocurre con nuestra reputación personal?

Según la página especializada en búsqueda de empleo Career Builder, son muchos los técnicos de selección de personal que llevan a cabo un rápido estudio sobre los candidatos buscando su nombre en Google. Más en general, esta tendencia a la «googleización» también viene acompañada por un gran número de particulares que buscan un servicio. No importa si necesitamos un fontanero o si queremos pedir una pizza: lo primero que hacemos muy a menudo es abrir una nueva página en internet. Los comentarios de los clientes sobre la prestación de servicios, las críticas de los consumidores en cuanto a la calidad del servicio, las recomendaciones de especialistas en el área o, incluso, la claridad de la información se convierten entonces en elementos determinantes cuando llega la hora de decidirnos por un proveedor.

Así, desarrollar una estrategia de comunicación web adaptada para construirse la mejor identidad digital posible, en resumen, la creación y promoción de una marca personal, puede resultar una excelente inversión. En 50 minutos, descubrirás todos los secretos del *personal branding* para transformar tu reputación en línea en una baza comercial.

EL ABECÉ DEL CREADOR DE UNA MARCA PERSONAL

UN PEQUEÑO RESUMEN DEL *PERSONAL BRANDING*

El concepto de *personal branding*, que aparece por primera vez en 1981 en *Posicionamiento: La batalla por su mente* de Al Ries y de Jack Trout, ha sido conceptualizado desde entonces por muchos especialistas, entre los que se encuentran los estadounidenses Tom Peters en los años 1990 y William Aruda y Peter Montoya en los años 2000.

El *personal branding*, también conocido como «promoción de la marca personal», consiste en aplicar a un particular las técnicas de comunicación y de mercadotecnia que, por lo general, se utilizan para publicitar un producto o una empresa. De esta manera, el individuo se convierte en su propia marca. El objetivo de este procedimiento es incitar a los clientes o a los posibles empleadores a que contraten los servicios de esa persona y no de otra. Por lo tanto, ya no importa tanto el producto que se propone o el servicio que la persona en cuestión ofrece, sino más bien su reputación y su identidad profesional. Estas se crean y se transmiten principalmente a través de internet y de sus resortes de comunicación ventajosos, como son las distintas redes sociales.

¿Pero cómo podemos convertirnos en nuestro propio objeto de mercadotecnia? ¿Qué etapas debemos respetar para destacar con respecto a la competencia y para parecer atractivos a ojos de los clientes potenciales? ¿Qué herramientas tenemos a nuestra disposición para lograr con éxito una empresa de este calibre? Para acabar, ¿qué errores no debemos cometer para evitar que nuestros esfuerzos se vean reducidos a cenizas?

¿POR QUÉ DEBEMOS DESARROLLAR NUESTRA MARCA PERSONAL?

Quizás formes parte de aquellos que no ven la utilidad del *personal branding*, ya que partes del principio de que son tus servicios y no tu imagen personal los que deben convencer a tus clientes potenciales y a tus empleadores para que acudan a ti. Si este es tu caso, debes saber que los dos enfoques no son incompatibles. En efecto, aprender a mejorar tu imagen también significa aprender a dar valor a nuestras competencias profesionales, a nuestros productos y a nuestros servicios. Las ventajas concretas de la marca personal deberían convencer a los más escépticos y reconfortar al resto en su decisión:

• **publicitar nuestras actividades y nuestras habilidades**. ¿De qué sirve ser el mejor en tu ámbito si nadie lo sabe? Al crear tu identidad digital, estás informando al mundo de tu existencia, le propones tus servicios y pones a su disposición tus competencias;

• **obtener contratos**. Las personas que buscan un especialista en tu ámbito recurrirán más a ti si apareces como un experto en la materia, reconocido por tus colegas y recomendado por tus clientes. Una buena crítica, un comentario pertinente, un artículo interesante, etc. son elementos que pueden ayudar a convencer a los consumidores de que eres la persona que están buscando;

- **facilitar los procesos de búsqueda de empleo**. Una de las primeras acciones de los técnicos de selección es buscar en Google el nombre de los candidatos. La información o ausencia de ella a la que llegan también puede provocar que descarten un CV que resulte atrayente, igual que puede llamar la atención aunque el candidato sea más bien normal. Da a tu reputación en línea la importancia y atención que merece. De esta manera, aumentarás tus posibilidades de obtener entrevistas, a veces incluso antes de haber mandado tu candidatura;

- **cultivar nuestra red profesional**. No importa si eres autónomo o asalariado, si tienes un trabajo o no: desarrollar tu red profesional —a través de la práctica del *networking*— es fundamental. Con ella, maximizarás tus oportunidades de salir de un momento complicado y aumentarás las ofertas interesantes. Además, asentar tu reputación, incluso entre tus colegas, te valorizará ante posibles clientes y empleadores;

- **desmarcarnos de nuestra competencia**. En un mundo laboral donde existe competencia en casi todos los sectores de actividad, es fundamental sobresalir para no confundirse con la masa. Destacar ante nuestros competidores para dejar una huella mayor y, por lo tanto, venderse mejor es precisamente el objetivo de la marca personal;

- **aprender a conocernos mejor**. Una de las principales leyes de la mercadotecnia consiste en conocer las distintas particularidades del producto o del servicio para garantizar una promoción eficaz. Por consiguiente, si deseas que la estrategia de tu marca personal dé sus frutos, interésate por tu persona para poder hacer hincapié en tus cualidades, en tus competencias y en tus talentos, además de resaltar las motivaciones profundas que te mueven. Por lo tanto, antes de aprender a darte a conocer, tendrás que aprender a conocerte.

¿QUIÉN SOY? UN PRODUCTO ÚNICO QUE TENGO QUE PUBLICITAR

Tal y como hemos visto, la marca personal se basa en los principios de la mercadotecnia de empresa aplicados al individuo. Por lo tanto, no debería sorprendernos que se recurra a técnicas que habitualmente se utilizan en este ámbito para crear una marca personal adecuada. Así, la herramienta de análisis DAFO resulta ser una de las más eficaces en esta área. ¿Pero en qué consiste exactamente?

El DAFO, acrónimo compuesto por las iniciales de Debilidades, Amenazas, Fuerzas y Oportunidades, se utiliza generalmente en mercadotecnia para elaborar la auditoría de una empresa. En efecto, al responder a una serie de preguntas relativas a cada uno de estos cuatro ejes de análisis (las particularidades de nuestro sector, sus ventajas, sus puntos de mejora, etc.), podemos identificar las opciones estratégicas de la empresa.

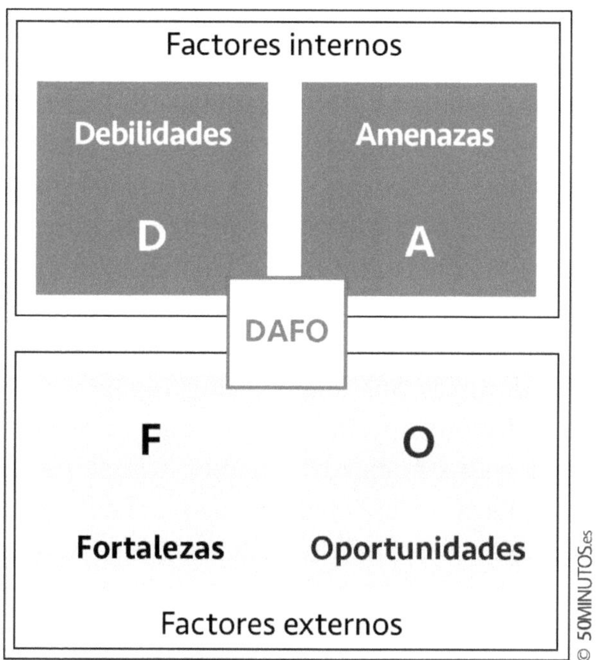

Familiarízate con esta herramienta que te ayudará a tomar decisiones para llevar a cabo tu propia auditoría personalizada. De esta manera, obtendrás las respuestas a preguntas que debes plantearte para desarrollar una marca personal eficaz y coherente:

- **¿Cuáles son tus puntos fuertes y cuáles son tus debilidades?** ¿Cuáles son tus bazas? ¿En qué estás especializado? ¿Qué te distingue del resto de profesionales del sector? ¿Quizás es tu experiencia? ¿O tu dominio de una competencia particular que pocos competidores poseen? ¿Sobre qué valores personales estructurales y sobre qué rasgos de carácter positivos puedes construir y apoyar tu marca personal? Por el contrario, ¿qué puntos puedes mejorar? ¿Te falta alguna formación necesaria? ¿Quizás no dominas una lengua, un programa o una legislación específica que es particularmente útil en tu ámbito? Descubrir tus diferentes fortalezas y debilidades te ayudará a determinar qué competencias y qué rasgos personales puedes promover para construirte una imagen de marca original e identificable con un solo golpe de vista.

- **¿Qué oportunidades distingues?** ¿Tu área de actividad se encuentra en plena transformación? ¿La aparición de nuevas tecnologías crea nuevos empleos prometedores para los que estás cualificado? ¿Una competencia que dominas vuelve a estar de actualidad y esto te brinda la oportunidad de darte a conocer ofreciendo formaciones? No esperes a que las oportunidades se presenten ante ti y piensa más bien al contrario: apóyate en tus capacidades y pregúntate de qué manera puedes rentabilizarlas para crear tu propia posibilidad. Vigila la evolución y los últimos avances que se han llevado a cabo en tu sector. Si te subes al tren correcto, quizás dejarás definitivamente en el andén a tus competidores.

- **¿Qué posibles amenazas pueden suponerte un obstáculo?** ¿Tu sector evoluciona rápidamente y te obliga a mantenerte ojo avizor porque podrías quedarte atrás? ¿O a lo mejor, al contrario, no evoluciona por los avances tecnológicos? ¿Existe demasiada competencia en tu área? Si sientes que ya no logras seguir la evolución de tu sector de actividad, ¿por qué no vuelves a centrarte en un segmento de mercado que domines particularmente bien? A menudo, las grandes empresas dejan a un lado los micromercados, ya que se centran en un público amplio y diversificado. Quizás alcances el éxito ahí.

Más allá del DAFO

En el marco del desarrollo de tu marca personal, es necesario superar el análisis

DAFO. Por consiguiente, plantéate estas preguntas suplementarias:

- **¿Cuáles son tus objetivos?** Se trata de la pregunta más importante, puesto que si no tienes ningún objetivo que alcanzar, no tendrás ningún interés en poner en marcha una estrategia de comunicación. ¿Quieres obtener un nuevo trabajo? ¿Negociar mejores contratos? ¿Desarrollar tu red profesional? ¿Darte a conocer a los clientes? Una vez que tu objetivo esté definido, se convertirá en tu hilo conductor durante la creación de tu marca personal.
- **¿Cuáles son tus metas?** Si quieres obtener un nuevo trabajo, los técnicos de selección de personal, los posibles empleadores y los responsables de recursos humanos representan tus metas principales. Si deseas atraer a nuevos clientes y firmar más contratos, serán esos mismos clientes a los que tendrás que dirigirte prioritariamente. Para acabar, si buscas desarrollar tu red profesional, los distintos actores de tu área de actividad tienen que encontrarse en el centro de tus preocupaciones.
- **¿Cómo te imaginas tu futura marca?**

¿Qué representas? ¿Qué imagen de ti y de tu empresa deseas transmitir? ¿En qué ámbito quieres ser conocido como experto? ¿Cuál es tu reputación actual? La marca personal que desarrollarás depende de tus respuestas. Es cierto que su primer objetivo es distinguirte del resto para destacar ante tu meta, pero no tiene que ser a cualquier precio. No te servirá de nada destacar si se trata de transmitir valores que no se corresponden contigo. Por lo tanto, es fundamental que sepas de dónde vienes, es decir, la reputación que tienes actualmente, y adónde vas, es decir, la identidad que quieres construir y promover.

Ahora que identificas claramente tus aspiraciones, tus puntos fuertes y tus debilidades, ahora que sabes lo que te hace único y qué imagen quieres transmitir y a quién, es el momento de que tomes el control de las distintas herramientas sociales que internet pone a tu disposición para utilizarlas con propiedad.

¿QUÉ HERRAMIENTAS Y PARA QUÉ?

La web 2.0 rebosa de redes sociales en las que puedes promover tu marca personal, mantener tu reputación digital y destacar lo que has llevado a cabo y las propuestas de valor. Sin embargo, estas distintas herramientas no tienen la misma utilidad y es importante que aprendas a usarlas correctamente.

Viadeo y LinkedIn, fundamentales

Estas plataformas sociales son las únicas en las que es obligatorio estar presente. No tienes por qué abrirte una cuenta en ambas, ya que un perfil en LinkedIn es más que suficiente (y fundamental). LinkedIn y Viadeo, redes sociales profesionales, sirven para aumentar tu visibilidad profesional y para desarrollar tu agenda de contactos uniendo tu perfil al de otros miembros. Pueden considerarse ferias de empleo digitales. Pensar en tu perfil en estas redes como si fuera un CV mejorado te mantendrá alejado de errores en la concepción. Así, inscribe únicamente datos que estén directamente relacionados con tu experiencia profesional o con tus objetivos en el sector y guarda el resto para otras redes sociales. Sigue la misma lógica en lo que respecta a las personas que quieren unirse a tu red y acepta solo a aquellas que tienen un vínculo con tu proyecto o con tu sector de actividad.

Facebook, entre página profesional y programa publicitario

Para el público general, Facebook es la red social personal por excelencia, un espacio de relajación virtual entre amigos. No obstante, puedes utilizarlo con una perspectiva de promoción de tu marca personal creando una página profesional o alimentando tu página personal con contenidos que estén relacionados con tu sector de actividad. Facebook también cuenta con la ventaja de tener su propio programa publicitario. A cambio de una compensación económica, se dirigirá por ti a los usuarios que puedan estar interesados en tus servicios en función de sus centros de interés y de su comportamiento en la red. Sin embargo, hay que tener cuidado con los peligros inherentes de Facebook, como las fotos de fiesta que tus contactos publican sin tu consentimiento o los comentarios que podrían perjudicarte. Aunque

Facebook se mantiene como líder indiscutible de las redes sociales, lo siguen de cerca otras, con Instagram y Twitter a la cabeza (Coëffé 2015).

Twitter, instrumento de control y de lo instantáneo

Twitter, red para vigilar en lo profesional, te resultará muy útil si deseas estar en contacto permanente con tu sector de actividad y sus actores, mantenerte al tanto de la actualidad, comentarla y dar a conocer tu opinión. Al igual que Facebook, Twitter ofrece la posibilidad de anunciar tus servicios a través de tuits patrocinados, entre otros, y de analizar a continuación la repercusión de tu campaña de publicidad gracias a su herramienta de análisis de estadísticas. En una medida mucho mayor que su gran competidor, Twitter representa la red de lo instantáneo y del diálogo entre una marca o una empresa y sus clientes, por lo que exige una gran reactividad y una implicación constante. Pero aunque tener una cuenta de Twitter implica una omnipresencia por tu parte, este sacrificio puede resultar muy beneficioso en lo que respecta a la notoriedad, puesto que invita al intercambio y da la impresión a los utilizadores de que la marca los tiene en consideración. Así, muchas compañías han disfrutado de un aumento de su popularidad simplemente por interactuar con sus usuarios en esta red.

EL TOQUE DE HUMOR

Usa el humor en tus tuits y en otras publicaciones. Este mecanismo universal te ayudará a llegar a un máximo de posibles clientes que se sentirán cercanos a tu marca. Sin embargo, evita el cinismo y el humor negro, que a veces no tiene una buena acogida entre el público.

YouTube para divulgar vídeos cortos

YouTube, que aloja vídeos, está perfectamente adaptado para publicar tus entrevistas, conferencias y otras intervenciones públicas grabadas, pero también para compartir tus formaciones y tutoriales o, incluso, tus películas si eres videasta. No obstante, cabe señalar que debes mantener un cierto ritmo de publicación de vídeos si quieres desarrollar una marca personal eficaz y fundar una comunidad unida en torno a la misma. Esta plataforma no constituye la herramienta más apropiada para ello, salvo para los apasionados del mundo del vídeo.

Instagram, Flickr y Pinterest o la comunicación a través de la imagen

Estas redes donde se comparten imágenes están destinadas a los fotógrafos profesionales que exponen sus obras, pero también a cualquier persona que desea publicar fotos de sus productos, servicios o actividades.

- Instagram, comprada por Facebook en 2012, ofrece los mismos servicios de publicidad en línea que la red social y, además, propone funcionalidades inéditas e interesantes desde bastantes puntos de vista. Así, las empresas y los anunciantes ya pueden incluir en su campaña de promoción distintos iconos que están destinados a facilitar nuestra conversión. De esta manera, dos de ellas, tituladas *sign up* y *learn more*, permiten a los visitantes seguir la cuenta que quieran con un simple clic y obtener información sobre la marca o la empresa de este último redirigiéndolos hacia su página web.

• Pinterest, lanzado en 2010 por los estadounidenses Paul Sciarra, Evan Sharp y Ben Silbermann, mezcla los conceptos de *networking* y de publicación de contenido multimedia. Permite que sus usuarios compartan sus centros de interés a través de fotos, vídeos o ilustraciones. Cabe señalar que la vida privada es casi inexistente en este caso. La inscripción puede hacerse a partir de una cuenta de Facebook si ya tienes una.

WordPress y Blogger, artículos para reivindicar nuestra especialización

Estos dos formatos de blog son los más populares, ya que son muy fáciles de usar y se pueden personalizar según los gustos y las necesidades. El blog, ideal para redactar artículos e intercambiar opiniones sobre los temas relacionados con tu sector de actividad, representa sin lugar a dudas la herramienta social más eficaz de la web 2.0 desde un punto de vista de la marca personal. No obstante, aunque se trata del mejor escaparate posible en el que exponer tu identidad digital, también es el más exigente, ya que supone una inversión de tiempo muy importante.

La página web para garantizar nuestra credibilidad profesional

Aunque WordPress y Blogger pueden sustituir la página web parcialmente proponiéndote muchas opciones interesantes en lo relativo al diseño, a la maquetación y al contenido, la creación de una sitio personal pensado en función de tus expectativas te garantizará una libertad de movimientos inigualable y una gran credibilidad profesional, siempre y cuando la navegación sea fluida y cómoda y el contenido, de calidad. No obstante, ten siempre presente que al contrario de lo que ocurre cuando te inscribes en una red social, la creación de una página web personalizada exige tiempo y competencias técnicas reales. Obviamente, existen agencias especializadas para su concepción, pero acudir a ellas representa un coste nada desdeñable. Tendrás que evaluar si quieres realizar una inversión de este calibre y si puedes soportarla.

PRUDENCIA

El uso de las redes sociales requiere una gran prudencia y un perfecto equilibrio entre la información personal y privada, ya que no se debe compartir todo. Haz una selección entre la que te ayudará a alcanzar el éxito y la que te desacreditará. Además, no aceptes a cualquiera cuando desarrolles tu red: guarda relación solo con las personas que pertenecen a tu círculo profesional para que puedas ganar en credibilidad.

LOS ERRORES QUE NO DEBES COMETER

- **Publicar cualquier cosa sin pensar en las posibles consecuencias**. ¿Quién no ha escuchado hablar alguna vez de esos empleados despedidos por un comentario desubicado o por una foto de mal gusto que han publicado en las redes sociales? Nunca olvides que todo lo que escribes en estos medios se queda ahí, así que piénsatelo dos veces antes de publicar tu estado de ánimo. Por supuesto, no se trata de dar una imagen de un individuo plano y sin convicciones, sino más bien de analizar las posibles consecuencias profesionales que tus publicaciones podrían generar. Evalúa meticulosamente los pros y los contras antes de expresar tus opiniones en internet, incluso cuando no parece que, en principio, estas estén relacionadas con tu sector de actividad. No corras el riesgo de verte sin trabajo o de dejar pasar posibles contratos si no merece la pena.

- **Mentir o disfrazar la verdad**. En las entrevistas de trabajo, son frecuentes las exageraciones o las pequeñas mentiras que valorizan. Sin embargo, se desaconseja encarecidamente proceder de esta manera, ya que se corren muchos riesgos, sobre todo en la era de internet. Ten en mente que todo lo que publicas se queda para siempre en la red y todo el mundo puede acceder a ello. Por lo tanto, no cometas el error de mentir acerca de tu trayectoria profesional o de mencionar competencias inexistentes, ya que puede volverse en tu contra. Muéstrate lo más honesto posible para ahorrarte una mala reputación digital de la que te costará deshacerte.
- **Mantener la vaguedad acerca de tus competencias y de los servicios que ofreces**. Muchas personas caen en esta trampa. Desean tener todas las puertas abiertas, por lo que evitan mostrarse demasiado específicas con respecto a su formación y los servicios que proponen,

o se ofrecen como especialistas en todos los ámbitos para cubrir un máximo de posibilidades. Es preferible limitar tu oferta a dos o tres ámbitos de competencia que dominas bien en vez de dispersarte y correr el riesgo de proporcionar un servicio de peor calidad. Un cliente potencial siempre preferirá contratar a un auténtico especialista en un ámbito que a una persona que se defienda en todos los campos.

- **Querer obtener resultados inmediatos**. Si bien es cierto que podemos influir rápidamente en nuestra identidad digital llevando a cabo pequeñas modificaciones en algunos puntos, los cambios importantes tardarán inevitablemente más tiempo en aparecer y en producir resultados concretos. De hecho, la construcción de una reputación en línea se parece mucho más a una carrera de fondo que a un esprint. Hay que cuidar la notoriedad, algo que requiere una inversión constante y regular.

CUIDAR Y VIGILAR

El desarrollo de tu marca personal no se realiza en unos días. Para convertirte en una auténtica referencia, vigila a tus competidores y actualiza frecuentemente tu página web y tus datos en las redes sociales.

- **Carecer de humildad**. Puesto que la marca personal consiste en darse valor, expón tus logros profesionales. Una entrevista tuya en un blog especializado y reconocido, fotos de una conferencia que has moderado o un artículo sobre una recompensa que has ganado son, entre otros, algunos elementos positivos en los que puedes apoyarte para publicitar tu imagen. Sin embargo, no olvides jamás que la frontera entre el orgullo legítimo y la fanfarronada desubicada es delgada y que a nadie le gustan los fanfarrones imbuidos de sí mismos. Por lo tanto, no te dejes engullir por la autosatisfacción eterna, ya que corres el riesgo de que tu cliente objetivo te perciba como un ser antipático. Sobre todo, para evitar transmitir esta imagen, piensa en dar las gracias a todos aquellos que te han respaldado durante tu trayectoria, sin que ello signifique que te quites valor, ya que tú mismo has provocado tu suerte.

LOS MEJORES CONSEJOS

- **Búscate en Google con frecuencia**. Ponte en el papel de un técnico de selección de personal o de un cliente potencial e investiga tu perfil para actualizarlo o corregir posibles erratas digitales que podrían perjudicarte. No te limites a comprobar los primeros enlaces que aparecen en el motor de búsqueda, sino que debes llevar tu investigación hasta el punto de asegurarte de que no exista ningún elemento negativo: fotos comprometedoras o que no suponen una gran ventaja para ti en Google Imágenes, intercambios de tuits escabrosos con un viejo amigo, comentarios con una mala ortografía que se remontan a tu adolescencia, etc. Es cierto que Google ofrece sobre ti datos profesionales, pero también personales. Asegúrate simplemente de que estos últimos no perjudican tu reputación en línea, en cuyo caso es obligatorio que los elimines rápidamente. Borrar información publicada por ti te supondrá poco esfuerzo siempre que sigas disponiendo de un acceso a la cuenta. Por el contrario, la situación puede complicarse si los datos han sido publicados por un tercero. En ese caso, pídele a la persona en cuestión que proceda a eliminar el mensaje incriminatorio. Como último recurso, contacta con Google y pide que elimine resultados comprometedores en su servicio de búsqueda. No obstante, debes saber que Google se reserva el derecho a rechazar cualquier petición de supresión de datos si considera que la información no es personal.

• **Compra un dominio con tu nombre**. No esperes a haber definido claramente tu identidad digital para ello y pasa a la acción antes de que un homónimo se te adelante. Para ello, no hay nada más fácil: una simple búsqueda por internet te guiará hacia los registros acreditados por organizaciones que se encargan de la gestión de los nombres de los dominios (DNS Belgium en Bélgica, AFNIC en Francia, etc.). Estos servicios comprobarán la disponibilidad del nombre que quieres reservar antes de orientarte hacia un agente de inscripción certificado, en caso de que sea necesario. Por menos de unos diez euros al año, la inversión se convertirá en una de las más rentables cuando por fin estés listo para lanzarte: tu credibilidad se verá reforzada y mejorarás tu aparición en los motores de búsqueda, con lo que aumentarás tu visibilidad en internet. Aunque no desees crear una página web o aunque todavía no sepas cómo enriquecerla, evitarás posibles malentendidos: otro profesional que lleva el mismo nombre que tú puede elegir posicionarse en internet, y esto podría llevar al error a los clientes y a los técnicos de selección que querrían investigar sobre ti. No temas causar una mala impresión al dejar a la vista de todos una página sin contenido, ya que solo aparecerá ante los internautas cuando tú lo decidas.

ESCOGER CORRECTAMENTE EL CORREO ELECTRÓNICO

Este consejo puede parecer evidente, pero escoge un correo electrónico con tu nombre y tu apellido completo, como pedro.garcia@gmail.com, en vez de quesito94@gmail.com, que tendría un impacto negativo sobre tu credibilidad profesional.

- **No busques estar omnipresente**. Tu presencia

en internet es fundamental, pero no abras una cuenta en todas las redes sociales, sobre todo si vas a dejar abandonada la mitad de ellas unas semanas después. Piensa en cada una de estas herramientas teniendo en cuenta tu sector de actividad y los servicios que propones para explotar las que mejor se adapten. Así, un fotógrafo profesional dará prioridad a crear una cuenta en Pinterest, Tumblr o Instagram para mostrar sus imágenes, mientras que para un redactor web no tendrá ningún interés y escogerá el blog más apropiado a sus necesidades y a sus talentos de redacción.

- **Mantente activo y sé regular**. Si decides crear un blog o abrir una cuenta en Twitter o en Facebook, define un ritmo de publicación en función de tu tiempo libre y organízate para seguirlo. No sirve de nada publicar contenido inédito todos los días. Intenta más bien que tu página web no parezca abandonada, ya que corres el riesgo de que tu iniciativa se vuelva en tu contra. No te limites tampoco a tu página web o a tus páginas personales. Visita los blogs de tus colegas y de tus compañeros y responde a sus publicaciones, comenta sus artículos, comparte sus tuits interesantes, etc.

No solo procederán de la misma manera seguramente, sino que además te darás a conocer indirectamente a sus lectores y abonados al manifestarte en tu nombre en las discusiones y en los debates que se están produciendo. De esta manera, matas dos pájaros de un tiro.

* **Cuida tu foto de perfil**. Si logras causar una buena primera impresión, ya has hecho la mitad del trabajo. Por consiguiente, piensa en escoger una foto de perfil que juegue a tu favor y adáptala a tu sector de actividad: no poses en traje de chaqueta si buscas un puesto como técnico de mantenimiento; evita las posturas artificiales de las fotos de carnet que te dan un aire rígido y austero; opta por una imagen original en la que aparezcas inmerso en el trabajo, por ejemplo. De esta manera, un conferenciante escogerá una bonita foto suya, con el micrófono en la mano, un capataz se presentará con un mono de trabajo y con el casco sobre la cabeza, y un arquitecto aparecerá inclinado sobre su mesa de trabajo, rodeado de planos. Si lo necesitas, acude a un fotógrafo profesional para recrear un ambiente laboral auténtico.

* **Sé tú mismo**. El objetivo de la marca personal

consiste en dar valor a tu diferencia. Nadie es perfecto y la gente que pretende que lo es no resulta ser la más interesante. Estas personas incluso tenderán a alejar a posibles clientes, a los que les cuesta soportar la suficiencia y el engreimiento. Mantente fiel a ti mismo y a tus valores: la gente no se equivocará y te brindará su confianza más fácilmente. Además, para que tu identidad gane en credibilidad, intenta que sea coherente. Sé auténtico y, de esta manera, serás más atractivo y popular.

PREGUNTAS FRECUENTES

¿CUÁLES SON LAS REGLAS DE ORO PARA DESARROLLAR EFICAZMENTE MI MARCA PERSONAL?

En su obra *Personal branding, le moi-perso-je comme marque!*, Philippe Buschini, especialista en reputación en línea, identifica ocho leyes (retomadas de los conceptos de Peter Montoya) repartidas en tres etapas:

Descubrirte: conocerte	
1. La espe-cialización	Difunde solo una de tus fuerzas y no te disperses. Es mejor estar especializado en un ámbito que arreglárselas en varios.
Construir tu imagen: darte a conocer	
2. El liderazgo	Es la dimensión «reputación» de tu marca personal. No se trata solo de ser conocido, sino más bien reconocido por tus colegas y por tu entorno.
3. La per-sonalidad	Tu marca personal debe basarse en tu personalidad. Sé auténtico, es inútil que pretendas ser perfecto.
4. La dife-renciación	Para que tu marca personal sea eficaz, desmárcate. Muestra clara-mente tu diferencia.

Hacer que te reconozcan: consolidar tu reputación	
5. La visibilidad	Para ser conocido, tienen que vernos. Utiliza las redes sociales y otras herramientas al alcance de la mano.
6. La coherencia	No puede existir un desfase entre tu personalidad y tu marca, ya que tu credibilidad depende de ello.
7. La tenacidad	Desarrollar tu marca lleva su tiempo. Sé paciente y trabaja sobre ello con frecuencia: acabarás obteniendo los frutos bastante rápidamente.
8. La condes-cendencia	Para llegar a tu meta, asocia tu marca con un valor o una idea que sea considerada positiva.

¿QUÉ VENTAJAS PUEDO OBTENER DE LA MARCA PERSONAL SI YA TENGO UN TRABAJO?

Los beneficios de la marca personal son múltiples sea cual sea tu estatus profesional. En periodo de crisis económica, resulta ser particularmente ventajoso cuidar nuestra red profesional y nuestra imagen de marca, ya que nadie sabe qué nos deparará el futuro. Asimismo, no importa si tienes un empleo estable o no: debes estar abierto a las oportunidades que podrían presentarte ante ti.

¿CÓMO ME ASEGURO DE QUE ESTOY CREANDO UNA MARCA PERSONAL COHERENTE?

La marca personal tiene como objetivo darnos valor, pero no de cualquier manera. En efecto, para ser eficaz, tu marca personal debe reflejar tu identidad y responder a tus objetivos profesionales. Para asegurarte de que no estás tomando el camino equivocado, piensa en efectuar con frecuencia tu propia auditoría personalizada a través de la herramienta de análisis DAFO. ¿Han evolucionado tus aspiraciones y tus objetivos? ¿En qué momento se encuentran tus puntos fuertes y débiles desde tu último análisis? Si lo necesitas, pregunta a tu entorno si te reconoce en tu comunicación digital.

¿CUÁLES SON LAS HERRAMIENTAS INDISPENSABLES PARA PONER EN MARCHA MI MARCA PERSONAL?

Internet pone a tu disposición un gran número de redes sociales útiles con una perspectiva de *personal branding*. Sin embargo, no todas son fundamentales. Controla solo aquellas que respaldarán tu proyecto. Entre las principales redes sociales, encontramos:

- LinkedIn/Viadeo para aumentar tu visibilidad y desarrollar tu red profesional;
- Twitter, que permite efectuar un control profesional, comentar la actualidad, intercambiar comentarios brevemente y mantenerse en contacto con los actores de un sector;
- Facebook para publicar contenido en un marco ligero, menos asociado al entorno profesional;
- YouTube/Instagram/Flickr/Pinterest, que sirven para publicar y compartir contenido multimedia (vídeos, fotos, dibujos, etc.);
- WordPress/Blogger para redactar artículos detallados e intercambiar opiniones y puntos de vista.

¿CUÁLES SON LOS ERRORES QUE NO PUEDO COMETER BAJO NINGÚN CONCEPTO EN LAS REDES SOCIALES?

A veces, internet es cruel. De hecho, si bien es cierto que para construirte una buena reputación en la web necesitas mucho tiempo y esfuerzo, así como una atención constante, bastan unos segundos para reducirla a cenizas y destruir todo tu trabajo. Evita mentir en tu perfil, tus talentos y tu CV, ya que tu reputación sufrirá si sale a la luz. Piénsatelo dos veces antes de publicar una información, ya que siempre debe suponer una imagen positiva para tu marca.

¿QUÉ HAGO SI, DESPUÉS DE CO-METER UN ERROR, AHORA TENGO UNA MALA REPUTACIÓN?

Desgraciadamente, el mal está hecho y ya no puedes volver atrás. No obstante, intenta no hundirte todavía más: si has mentido con respecto a tu trayectoria profesional y has sido delatado por un internauta atento, no insistas volviendo a mentir para cubrirte las espaldas. Si te has mostrado un poco más virulento y agresivo de la cuenta con un cliente descontento, pisa el freno mientras estés a tiempo. Sé honesto, haz propósito de enmienda e intenta pasar a otra cosa. Aunque algunos no te lo perdonarán jamás, un *mea culpa* bien entonado puede valerte la absolución de muchas personas. Y es que, ¿quién no se ha equivocado alguna vez?

¡AHORA ES TU TURNO!

Ya tienes todas las claves para transformar tu persona en una auténtica marca coherente y eficaz, que tus clientes recomienden, que guste a tus colegas y que los técnicos de selección de personal aprecien. ¡Es el momento de lanzarse!

Inspírate en el procedimiento que te recomendamos para facilitar la creación o promoción de tu marca personal. Lo que hagas con ella a continuación solo depende de ti.

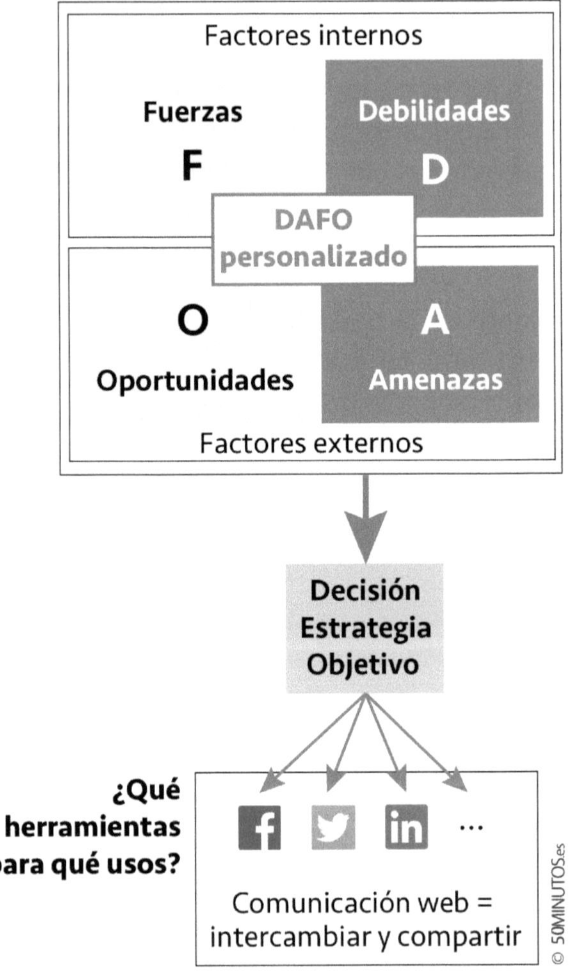

¿Quién soy?
Un producto único que publicitar
Factores internos
Fuerzas
F
Debilidades
D
DAFO personalizado
O
Oportunidades
A
Amenazas
Factores externos
Decisión
Estrategia
Objetivo
¿Qué herramientas para qué usos?
…
Comunicación web = intercambiar y compartir
© 50MINUTOS.es

¡Tu opinión nos interesa!
¡Deja un comentario en la página web de tu
librería en línea,
y comparte tus favoritos en las redes sociales!

PARA IR MÁS ALLÁ

FUENTES BIBLIOGRÁFICAS

- Bahroun, Allan. 2012. "Personal branding: nouveaux héros, nouveaux sujets". *Marketing-professionnel*. 12 de octubre. Consultado el 17 de agosto de 2017. http://www.marketing-professionnel.fr/parole-expert/personal-branding-nouveaux-heros-sujets-201210.html

- Baumeister, Pascale. 2011. *Révéler sa véritable personnalité avec le personal branding*. París: Leduc.s Éditions.

- Buschini, Philipe. 2009. *Personal Branding, le moi-perso-je comme marque!* s.n.: Transition Agile.

- Career Builder. 2015. "Plus de la moitié des recruteurs a déjà recherché un candidat sur les médias sociaux". *Career Builder*. 20 de mayo. Consultado el 17 de agosto de 2017. https://recruteur.careerbuilder.fr/actualites/recruteurs-cherche-des-candidats-sur-les-medias-sociaux

- Carson, Erin. 2014. "Your Linkedin Personal Brand: 6 Tips to Build a Strong One". *TechRepublic*. 13 de mayo. Consultado el 17 de agosto de 2017. http://www.techrepublic.com/article/your-linkedin-personal-brand-6-tips-to-build-a-strong-one/

- Comment ça marche. "Choisir un réseau social adapté à son entreprise". *Comment Ça Marche.* Consultado el 17 de agosto de 2017. http://www.commentcamarche.net/faq/40419-choisir-un-reseau-social-adapte-a-son-entreprise#top

- Coëffé, Thomas. 2015. "La carte des réseaux sociaux les plus populaires. Eté 2015". *Blog du modérateur.* 25 de septiembre. Consultado el 17 de agosto de 2017. https://www.blogdumoderateur.com/carte-reseaux-sociaux-ete-2015/

- Jean, Maryline. 2012. "Le Personal Branding vu par Jean-Christophe Anna". *Marketing-professionnel.* 22 de octubre. Consultado el 17 de agosto de 2017. http://www.marketing-professionnel.fr/tribune-libre/personal-branding-jean-christophe-anna-201210.html

- Patenaude, Steve. 2013. "Développer votre réseau professionnel avec LinkedIn". *Nmediasolutions.* Consultado el 8 de septiembre de 2015. http://www.nmediasolutions.com/publications/conseils/developper-reseau-professionnel-avec-linkedin

- Poulet, Patrice. 2011. "Renforcer son personal branding pour développer ses affaires avec les réseaux sociaux". *Le grand blog de la vente.* 10 de septiembre. Consultado el 17 de agosto de 2017. http://www.legrandblogdelavente.com/renforcer-son-personal-branding-pour-developper-ses-affaires-avec-les-reseaux-sociaux%E2%80%A6

- Saint-Michel, Serge-Henri. 2012. "Dossier Personal Branding". *Marketing-professionnel.* 8 de octubre. Consultado el 17 de agosto de 2017. http://www.marketing-professionnel.fr/parole-expert/dossier-personal-branding-201210.html

- Succès Marketing. "Analyse SWOT, outil d'audit marketing". *Succès Marketing.* Consultado el 17 de agosto de 2017. http://www.succes-marketing.com/management/analyse-marche/analyse-swot

- Swift, Susan. 2015. "5 astuces de personal branding à adopter illico". *BusinessoFeminin.* 2 de julio. Consultado el 17 de agosto de 2017. http://businessofeminin.com/feature/5-astuces-de-personal-branding-a-adopter-illico/

- Thiers, Benjamin. 2014. "Personal Branding: parce que vous le valez bien!". *My community manager.* Consultado el 17 de agosto de 2017. http://www.mycommunitymanager.fr/personal-branding-parce-valez-bien/

- Zara, Olivier. 2009. *Réussir sa carrière grâce au personal branding.* París: Eyrolles.

FUENTES COMPLEMENTARIAS

- Do Espirito, Thierry. 2011. *Développez votre marque personnelle.* París: Leduc.s Éditions.

- Patel, Neil y Aaron Agius. "The Complete Guide To Building Your Personal Brand". *Quicksprout.*

Consultado el 17 de agosto de 2017. https://www.
quicksprout.com/the-complete-guide-to-building-
your-personal-brand/

50MINUTOS.es
Historia
Economía y empresa
Coaching
Book Review
Salud y bienestar
Arte y literatura
EL DIAGRAMA DE ISHIKAWA
Material
Método
Máquina
Madre Naturaleza
Medida
Hombres
LA GUERRA DE PALESTINA DE 1948
DOMINA EL ARTE DEL NETWORKING
¡APRENDER NUNCA ANTES FUE TAN RÁPIDO!
www.50minutos.es